# Pastoral Litúrgica

Dados Internacionais de Catalogação na Publicação (CIP)
(Câmara Brasileira do Livro, SP, Brasil)

Lorenz, Fernando
  Pastoral litúrgica : teoria e prática /Fernando Lorenz. – Petrópolis, RJ : Vozes, 2023.

  Bibliografia.
  ISBN 978-65-5713-763-5
  1. Igreja Católica - Liturgia I. Título.

22-129439                                         CDD-264.02

Índices para catálogo sistemático:
1. Igreja Católica : Liturgia   264.02

Cibele Maria Dias – Bibliotecária – CRB-8/9427

Pe. Fernando Lorenz

# Pastoral Litúrgica

### Teoria e prática

Petrópolis

© 2022, Editora Vozes Ltda.
Rua Frei Luís, 100
25689-900  Petrópolis, RJ
www.vozes.com.br
Brasil

Todos os direitos reservados. Nenhuma parte desta obra poderá ser reproduzida ou transmitida por qualquer forma e/ou quaisquer meios (eletrônico ou mecânico, incluindo fotocópia e gravação) ou arquivada em qualquer sistema ou banco de dados sem permissão escrita da editora.

**CONSELHO EDITORIAL**

**Diretor**
Gilberto Gonçalves Garcia

**Editores**
Aline dos Santos Carneiro
Edrian Josué Pasini
Marilac Loraine Oleniki
Welder Lancieri Marchini

**Conselheiros**
Elói Dionísio Piva
Francisco Morás
Ludovico Garmus
Teobaldo Heidemann
Volney J. Berkenbrock

**Secretário executivo**
Leonardo A.R.T. dos Santos

*Diagramação*: Sheilandre Desenv. Gráfico
*Revisão gráfica*: Magda Karolyna da Rosa Valgoi
*Capa*: Editora Vozes

ISBN 978-65-5713-611-9

Este livro foi composto e impresso pela Editora Vozes Ltda.

# Sumário

*Introdução*, 7

1  Os desafios atuais da Pastoral Litúrgica, 11

2  Pressupostos teológicos da Pastoral Litúrgica, 23

3  Vivências e ações, 37

4  Estruturação, 51

*Referências*, 71

# Introdução

A Pastoral Litúrgica encontra-se em muitos lugares; porém, ainda adormecida por ser compreendida apenas em distribuir as funções da Celebração Eucarística, vem perdendo de vista a importância da sua identidade e missão. Considerando essa realidade, o propósito deste livro é despertar para o entendimento da identidade da Pastoral Litúrgica e para a importância da formação de equipes especializadas em cada celebração dos sacramentos, com o intuito de aprofundar o sentido histórico, teológico, bíblico, litúrgico, pastoral, espiritual e social dos ritos que compõem cada ação litúrgica.

O cuidado com a vida espiritual de toda a comunidade é dever dos agentes da Pastoral Litúrgica. A integração com a Pastoral Familiar, com a Catequese de Iniciação à Vida Cristã e com as demais pastorais e movimentos é fundamental para o aprofundamento da vida litúrgica e para a visibilidade de uma Igreja Sinodal, que se manifesta através da vida litúrgica unida ao agir pastoral.

Nossa proposta almeja contribuir para suscitar em nossas comunidades uma formação continuada à luz da mistagogia capaz de promover uma metodologia litúrgica-catequética. Para isso, há de se refletir sobre os desafios da Pastoral Litúrgica, como a ausência do conhecimento litúrgico, o ritualismo, o juridicismo, o subjetivismo, o racionalismo litúrgico, entre outros. Esses, portanto, precisam ser enfrentados com a inteligência da fé. Por isso, somos chamados a percorrer por esse *castelo milenar* que é a liturgia cristã e beber do manancial da salvação. Isso pressupõe a abertura e a prontidão para redescobrir os principais teólogos da liturgia com o propósito de contribuir com o desempenho da Pastoral Litúrgica. Neste percurso é preciso deixar-se guiar pelo Espírito Santo, abrir-se às orientações oferecidas pelos nossos pastores, pela partilha de conhecimentos dos especialistas em liturgia e pelos agentes da Pastoral Litúrgica capazes de ajudar a ler os acontecimentos da comunidade no horizonte da Páscoa de Cristo.

Pensar a Pastoral Litúrgica à luz da sinodalidade é um caminho que abre muitas possibilidades de escuta, de discernimento, de ações, de vivências e de avaliações. Isso significa que a atuação dos membros da Pastoral Litúrgica é sensível à realidade do povo e ao Mistério celebrado. Devem, enquanto agentes de pastoral, expressar a vida da comunidade enquanto prece e gratidão pelo serviço oferecido em prol da edificação do corpo místico de Cristo.

Refletir a atuação da Pastoral Litúrgica no contexto da renovação eclesial em direção a uma Igreja Sinodal é um dos desafios atuais. Para desenvolver essa proposta é necessário romper com diversos reducionismos litúrgicos e assumir um comprometimento com a Sagrada Escritura, a tradição e o magistério. A tradição da Igreja não se restringe a um determinado período da História da Igreja. É preciso reconhecer que ela é viva e dinâmica. Nesse sentido, para sermos fiéis ao Espírito Santo que nos conduz é preciso nos perguntar o que, de fato, é a tradição da Igreja, a tal ponto de sabermos diferenciar aquilo que é resultado de compreensões individuais ou percepções de grupos estereotipados. Isso nos ajuda a perceber a dinamicidade da tradição da Igreja e que ela não se limita a um contexto histórico, mas possui uma vivacidade própria do agir divino.

> *Pare e pense: Como vai a Pastoral Litúrgica em sua comunidade? Qual a sua identidade? Será que a sua atuação se limita apenas em distribuir as funções da Celebração Eucarística? Por que caímos na tentação de querer explicar os ritos ou tornamos nossas celebrações sentimentalistas?*

Se você quer compreender a importância da atuação da Pastoral Litúrgica e avançar para águas mais profundas, este livro é para você! Nosso objetivo consiste em ampliar a compreensão e a própria atuação da Pastoral Litúrgica de nossas comunidades. Nesse processo, reconhecer o papel dos agentes que atuam nela é fundamental para levar as pessoas a uma participação ativa e frutuosa na liturgia, bem como a promoção de uma Pastoral de Conjunto. Nossa reflexão busca propor caminhos que iluminem e promovam a criação de possibilidades para uma renovação capaz de levar todos os discípulos e missionários a vivenciarem o Mistério celebrado na sua profundidade, dado que a liturgia é o patrimônio espiritual de toda a Igreja.

A perspectiva da nossa abordagem é amplamente pastoral e, por isso, está unida à teologia litúrgica e à teologia pastoral. Não queremos fazer um tratado, mas apenas propor um caminho, um itinerário formativo que propicie aos agentes da Pastoral Litúrgica, como também aos catequistas, a oportunidade de ampliar as percepções sobre metodologia litúrgica-catequética e, assim, superar os reducionismos.

No **capítulo 1** refletiremos sobre os desafios atuais da Pastoral Litúrgica com o propósito de suscitar um caminho de superação. Exploramos a origem do racionalismo litúrgico, do sentimentalismo e da primazia da vontade na ação ritual, proveniente do divórcio histórico entre catequese e liturgia. Ainda apresentaremos os diversos reducionismos derivados da ruptura histórica que poderá ser superada com a integração entre liturgia e catequese numa perspectiva mistagógica.

No **capítulo 2** abordaremos alguns pressupostos teológicos da Pastoral Litúrgica, a evolução do termo liturgia e as diversas descrições anteriores ao Concílio Vaticano II, que compõem esse mosaico do saber. Destacaremos a noção de liturgia da Constituição do Concílio Vaticano II sobre a Sagrada Liturgia – *Sacrosanctum Concilium,* promulgada pelo Papa Paulo VI em 1963, a qual compreende a liturgia no horizonte da Revelação Divina. Desse modo, sugere-se, a partir dos sinais sensíveis, a necessidade de pensar e desenvolver uma metodologia litúrgica-catequética.

No **capítulo 3** apresentaremos o diálogo da Pastoral Litúrgica com a Pastoral Familiar, a Iniciação à vida cristã e as demais pastorais e movimentos; como também a missão dos agentes da pastoral e a necessidade de identificar o seu campo específico de atuação.

No **capítulo 4** compreenderemos o papel da Teologia do Significado na cooperação entre o diálogo, o mistério de Deus e o mistério do homem; conheceremos os principais eixos da Pastoral Litúrgica que norteiam toda a sua ação, e, ainda, os passos para elaborar o Plano Paroquial no horizonte da sinodalidade.

# 1

# Os desafios atuais da Pastoral Litúrgica

O desenvolvimento da ação pastoral exige a habilidade de realizar um diagnóstico do contexto atual, um levantamento dos desafios presentes em nossas comunidades com o objetivo de encontrar pistas de ações que promovam o crescimento e o amadurecimento litúrgico, espiritual, teológico, pastoral e social dos discípulos e missionários de Jesus Cristo.

Segundo Floristán (2009, p.169), a ação pastoral atualiza historicamente a práxis de Jesus, o *tríplice múnus* (*sacerdotal*, *profético* e *real*) da Igreja derivada do próprio Cristo que é Sacerdote, Profeta e Rei (BRIGHENTI, 2006, p. 125). É legítimo afirmar que o agir da Igreja em sua raiz é cristológica e em sua expansão histórica é eclesial e, por isso, litúrgica. Para ilustrar essa integração podemos recorrer aos objetos presentes na celebração: o presbitério torna visível a unidade entre a missão profética (*Ambão*), a missão sacerdotal (*Altar*) e a missão real (*cadeira do presidente da celebração*).

Oferecer aos fiéis o significado profundo do espaço celebrativo consiste em um dos desafios da Pastoral Litúrgica. Contribui para isso a unidade entre catequese e liturgia. Assim, quando as salas dos encontros de catequese se tornam espaços mistagógicos capazes de despertar e educar os catequizandos à *sensibilidade* diante da linguagem dos sinais e gestos – que unidos à palavra – constituem o rito. Também serão espaços que farão crescer a experiência litúrgica, a partir da qual são gradualmente inseridos no mistério e transformados por eles (cf. DN, n. 96-98). Requer, de modo particular, daqueles que atuam na Pastoral Litúrgica e na Animação Bíblico-Catequética o exercício de uma sensibilidade litúrgica capaz de integrar fé e vida.

Nesse processo, um dos desafios da Pastoral Litúrgica é promover maior integração com a catequese de maneira que seja possível reconhecer o papel que ela possui na educação da fé a partir do Mistério celebrado. Isso requer estabelecer a integração e o equilíbrio entre o pensar, o sentir e o fazer como aspectos que constituem a missão da Pastoral Litúrgica. Para tanto, é necessário perguntar quais os impactos da cultura do *sentir* para a experiência da ritualidade. À luz do pensamento do teólogo e escritor Romano Guardini (1885-1968) podemos nos questionar: em nossas ações litúrgicas, ou seja, em nosso fazer litúrgico, predomina o sentir, o pensar, ou a nossa vontade?

Em relação ao sentir a oração, Guardini (2018, p.14) explana que "[...] é uma elevação do sentimento a Deus, mas o sentimento deve ser guiado, amparado, clarificado pelo pensamento". A liturgia possui uma dinâmica emocional; contemplando a dimensão do sentir, basta que analisemos os salmos de arrependimento, de júbilo, de justiça revoltada e a tensão entre o luto da Sexta-feira e a alegria da ressurreição. No entanto, para que o sentir seja espontâneo e a experiência celebrativa incorpore a vida da comunidade, é necessário cuidar para não tornar nossas celebrações meramente sentimentalistas, reduzidas a um discurso terapêutico ou explicativas. Quando isso ocorre, deixamos pouco espaço para o mistério.

Ainda, faz-se necessário observar que, quando há o predomínio da vontade sobre a celebração, caímos na tentação de submeter a ação litúrgica aos nossos interesses pessoais, a tal ponto de nos tornarmos *fabricantes de liturgia*, como bem nos salienta Jean Corbon em sua obra *A fonte da liturgia* (2016). A liturgia da Igreja é um patrimônio espiritual da qual a Pastoral Litúrgica tem a missão de integrar a liturgia na vida e a vida na liturgia. Nós nos tornamos fabricantes de liturgia quando desconhecemos o sentido desse patrimônio e dos ritos. Trata-se de vivenciar o mistério que se celebra e integrar, numa sóbria embriaguez do espírito, o pensamento, o sentimento, o fazer e a vontade. Portanto, ao se propiciar a vivência do mistério a ação ritual desperta os mais profundos e delicados movimentos da alma.

Numa cultura individualista em que se busca realizar as próprias vontades e a desconsiderar a essência da liturgia, há uma tendência em construir *bezerros de ouro* com o pretexto de colocar o *eu* no centro do que está sento celebrado. De acordo com Ratzinger (2019), quando isso ocorre, apresenta-se um culto produzido *por mãos humanas* e não há abertura para o verdadeiro culto, obra das mãos de Deus, Jesus Cristo, que sofreu, morreu e ressuscitou. Nesse sentido, surge, então, o problema do subjetivismo litúrgico, que manifesta-se numa suposta criatividade, para alguns, justificando-se enquanto renovação eclesial. A impressão, ou seja, o entendimento que é transmitido quando pessoas ou grupos inventam modismos no contexto celebrativo, é de que o rito em si mesmo é incompleto e, por isso, é preciso preencher com uma imaginação fértil. Esses posicionamentos no levam a perguntar: Será que o rito perdeu a sua força de comunicar o mistério? Ou será que falta em nossas assembleias uma profunda educação para a ritualidade?

Para responder tais questões é preciso considerar que não se trata desse ou daquele missal, antigo ou novo, dado que ambos possuem seu valor e sua autenticidade teológica, espiritual e histórica. Mas, trata-se do problema da falta de conhecimento litúrgico que predomina em nossas comunidades e em algumas mentes que negam a legitimidade da Reforma Litúrgica, reduzindo a tradição da Igreja à determinado período da sua história.

Na ausência do conhecimento litúrgico surge tanto o subjetivismo como o sentimentalismo e o racionalismo. Então, qual a origem desse problema? Com certeza encontraremos diversas respostas: ausência de formação permanente, variedade de *liturgias* conforme a preferência de cada presbítero, falta de comprometimento, imediatismo e poucos especialistas em Teologia ou Pastoral Litúrgica. Porém, ao observar os fatos, historicamente podemos intuir que a raiz do problema não está aqui ou ali, no povo ou no clero, mas está na ruptura histórica e gradual entre catequese e liturgia. Se fizermos uma leitura histórica, verificaremos a passagem de uma catequese mais vivencial e mista-gógica, como é o caso do período da Patrística, para uma catequese de catecismos de perguntas e respostas. Por conta desse processo pode-se dizer que, tanto o povo quanto alguns padres são reflexos do divórcio histórico entre o discurso sobre a fé e o ato de fé, entre liturgia e catequese. Desse modo, um dos maiores desafios reside em desen-volver uma metodologia litúrgica-catequética capaz de superar essa lacuna na ação evangelizadora.

De fato, quando falamos sobre a ausência do conhecimento litúrgico presente em nossas comunidades, estamos diante de um problema histórico. Mas como superar isso? O Papa João XXIII, ao convocar o Concílio Ecumênico Vaticano II (1962-1965), colocou a Igreja em diálogo com a modernidade, verificando a importância de um *aggio-namento*, ou seja, um processo de atualização. Para isso acontecer, a voz do Papa João XXIII surge como uma luz profética sobre a presença viva da Igreja no mundo. No entanto, para entender o que isso signifi-ca, é preciso *voltar às fontes*.

Quando falamos em *voltar às fontes* nos referimos à necessidade de resgatar a unidade entre catequese e liturgia, numa perspectiva da mistagógica enquanto método utilizado pelos Padres da Igreja para introduzir as pessoas no Mistério celebrado.

O imperativo eclesial de *voltar às fontes* é a chave que nos faz des-cobrir as raízes da fé cristã numa cultura impregnada de relativismo re-ligioso, de modismos litúrgicos e de neoconservadorismos que reivin-dicam para si a defesa da tradição. Mas que, na verdade, acabam por negar aquilo que defendem pelo simples fato de compreendê-la como algo estático, aprisionada num passado com acessórios obsoletos.

Tanto aqueles que insistem em fabricar para si *liturgias* com diver-sos adjetivos (tais como: *missa disso*, *missa daquilo*), como também aqueles que insistem a um retorno de um certo estilo católico medieval, se perdem em meio às suas ideologias litúrgicas que no fundo trazem concepções eclesiológicas reducionistas. Assim, ambos negligenciam o mistério, se preocupando mais com a forma do que com o conteúdo. Tais atitudes expressam que essas pessoas são vítimas da falta do conhecimento litúrgico derivado da ruptura entre catequese e liturgia.

Giorgio Bonaccorso, especialista em Teologia Litúrgica, aprofunda o aspecto antropológico dos ritos e nos afirma que "liturgia é a epifania da ação salvífica de Deus" (2009, p. 36), nesse horizonte, poderíamos dizer que a liturgia manifesta o ser da Igreja; ou seja, traz consigo uma visão de Igreja. Esta, enquanto instrumento de comunhão e participação, manifesta-se na vida litúrgica quando cada um participa, a seu modo, da ação litúrgica. A visão de liturgia e de Igreja que nós possuímos deve corresponder àquilo que é a liturgia e a eclesiologia em si mesmo. Por isso, somos chamados a promover a participação, a unidade e a comunhão na liturgia e na vida cotidiana. O Papa Francisco (2022) nos faz pensar a liturgia no âmbito da unidade eclesial ao dizer:

> Quando a vida litúrgica é uma espécie de bandeira de divisão, há o cheiro do diabo, o enganador. Não é possível adorar a Deus e ao mesmo tempo fazer da liturgia um campo de batalha por questões que não são essenciais, aliás, por questões ultrapassadas e se posicionar, a começar pela liturgia, com ideologias que dividem a Igreja. O Evangelho e a tradição da Igreja nos chamam a estar firmemente unidos no essencial e a compartilhar as diferenças legítimas na harmonia do Espírito[1].

O posicionamento do papa nos faz identificar que uma demasiada fixação em roupagens obsoletas não contribui para resplandecer a

---

1 Discurso do Papa Francisco aos docentes e estudantes do Pontifício Instituto Litúrgico no dia 7 de maio de 2022.

*nobre simplicidade* e a vivacidade da liturgia cristã. Essas fixações ou posturas rígidas podem revelar uma resistência em ler os sinais dos tempos, uma dificuldade de reconhecer a mudança de época em que estamos inseridos. Certas atitudes, em âmbito litúrgico, revelam mais questões pertinentes ao próprio sujeito do que apenas o interesse à fidelidade à norma ou a uma suposta tradição.

A famosa pergunta: *Isso pode ou não pode?* É a manifestação clara de uma tendência ao reducionismo litúrgico. Não se pode reduzir a formação litúrgica ao âmbito do direito litúrgico, por mais que ele tenha seu papel, seu lugar e sua legitimidade. Em todo caso, o cuidado que se deve ter é para não esvaziar o sentido espiritual, teológico e pastoral da norma litúrgica. A formação litúrgica deve promover uma autêntica participação no Mistério celebrado e levar as pessoas a reconhecerem que a liturgia é fonte de vida.

> *Por que há discrepâncias no que se refere à prática litúrgica? Por que ouvimos os leigos dizerem que cada padre tem a suas normas próprias?*

Essas questões surgem pelo simples fato de não reconhecermos que a liturgia possui uma dimensão, ou um valor científico. Mas o que isso significa? Para encontrar a resposta é necessário conhecer a:

> [...] forma como a *Sacrosanctum Concilium* aborda a natureza da liturgia, nela, encontra-se uma aula magna de teologia, antropologia e pedagogia. Em primeiro lugar, é possível constatar que a liturgia é teologia e, mais especificamente, da soteriologia, ou seja, do mistério da salvação, o qual se faz presente no espaço litúrgico. Assim, pode-se dizer que a liturgia tem um lugar privilegiado na obra da salvação (COSTA. In: MAÇANEIRO, 2013, p. 244).

É Deus quem nos reúne para nos santificar, por isso é teologia e ainda derrama sobre nós a sua misericórdia; por isso é soteriologia a salvação de Cristo que se prolonga na história humana.

O estudo da liturgia nos leva a aprofundar os seus fundamentos bíblicos, patrísticos, históricos, pastorais, espirituais, teológicos e canônicos, provenientes do Magistério que garante a unidade da fé celebrada. A formação litúrgica abre caminhos que nos faz ir ao encontro da *brisa suave* que paira sobre o *monte santo,* onde celebramos o Mistério Pascal de Cristo.

Outro desafio que é possível verificar na prática de nossas comunidades é a capacitação e a formação dos agentes que atuam na música litúrgica nas celebrações. Partimos do princípio de que a música está a serviço da ação ritual, desempenhando um papel fundamental de conduzir e elevar o coração dos participantes ao Mistério celebrado. Nesse contexto destaca-se o papel evangelizador e catequético da música.

O canto litúrgico é a arte de conjugar a Palavra e o rito. Ele reforça o poder da Palavra de Deus e manifesta, por meio da melodia, a força e os efeitos dos ritos. Manifesta o grito de socorro do povo, o louvor, a gratidão, a dor, a alegria e a esperança da assembleia reunida. O canto torna visível a unidade da fé e nos convida a viver a escuta do próximo, nos convida à necessidade da disciplina e da harmonia. Nessa perspectiva, Santo Agostinho (354-430 d.C.) contribui ao definir o canto litúrgico como profissão sonora da fé. Ainda, nesse horizonte, o Concílio Vaticano II reconhece a música litúrgica enquanto parte integrante da ação ritual (CNBB, 1989).

A instrução *Musicam Sacram* afirma que, além da formação musical, dar-se-á às equipes de música uma formação litúrgica e espiritual adaptada, de modo que, ao desempenhar perfeitamente a sua função litúrgica, não se limitem a dar maior beleza à ação sagrada e um excelente exemplo aos fiéis, mas adquiram também eles próprios um verdadeiro fruto espiritual.

O desafio reside na necessidade de investir na formação integral dos grupos de música em nossas paróquias, pois somente boa vontade, embora importante, não é suficiente. O foco para resolver este desafio é acrescentar outros dois: sendo, primeiro a comunidade oferecer formação qualificada e garantir uma liturgia bem-preparada; e, o segundo, despertar o interesse das equipes de música a participar da formação. Cumpridos esses desafios, é preciso, ainda, responder a seguinte questão: como utilizar a contribuição das equipes de música para pensar a nova evangelização com os catequizandos? O músico e liturgista J. Gelineau (1962, p.19) já observou:

> O canto é sinal de alegria. Mas de onde vem esta alegria que leva a cantar? Ela nasce de um sentimento de plenitude no ser vivente que se expande sem amarras... Diante da beleza que o arrebata, o ser humano deixa subir de sua alma um grito de admiração. Ele sai de si mesmo com o som de sua boca para se deixar carregar até o objeto do seu louvor. Definitivamente, o canto é a imagem viva do sacrifício espiritual.

Por meio da arte musical somos chamados a entrar no Mistério da Salvação. Para que isso aconteça, a preparação, o estudo, a dedicação em aprofundar os elementos fundamentais da liturgia e da música litúrgica, passam a ser a missão de todos os grupos de canto de nossas comunidades. Ainda, é necessário que nossas celebrações continuem orantes e vivenciais e que busquemos sempre a espiritualidade para fortalecer a nossa ação pastoral. É urgente que as paróquias invistam na formação técnica, litúrgica e espiritual dos grupos de música, pois é um campo fecundo para atingir os objetivos de uma evangelização integral.

No espaço catequético pode-se aproximar os catequizandos desse serviço ritual da liturgia ao incentivar a criatividade deles, propondo que façam composições de músicas a partir de textos bíblicos e da própria celebração dos sacramentos. Motivar atividades musicais e outras de cunho artístico, como a pintura e a construção de mosaicos, proporcionam uma maior habilidade de interação entre o pensar, o sentir e o fazer. Essas, dentre outras possibilidades, são propostas que contribuem para oferecer aos catequizandos referenciais litúrgicos para que, assim, progressivamente, possam bem celebrar.

Este texto não tem a intenção de responder a todos os desafios apresentados, mas suscitar o diálogo entre os agentes da Pastoral Litúrgica e os párocos, para que, juntos, estabeleçam propostas que possam atender às necessidades reais da Pastoral Litúrgica.

## É HORA DE ESCUTAR A REALIDADE...

Agora, você é convidado a elencar os principais desafios e avanços que existem na sua comunidade, no âmbito da Pastoral Litúrgica, com a finalidade de olhar a sua realidade e fazer um breve diagnóstico.

1. Como podemos descrever a Pastoral Litúrgica? Quais os objetivos que precisamos alcançar?

2. Analise como está a relação entre catequese e liturgia? De que forma é possível avançar nessa urgente interlocução para superar os reducionismos litúrgicos?

3. Quais são as urgências da Pastoral Litúrgica em direção a uma Igreja sinodal?

# 2

## Pressupostos teológicos da Pastoral Litúrgica

A liturgia é em sua raiz cristológica, dado que Cristo exerce o seu sacerdócio por meio das ações litúrgicas realizadas pela Igreja unida ao Espírito Santo; por isso, a liturgia é, em sua expansão, eclesiológica e pneumatológica. Nesse horizonte, a identidade da Pastoral Litúrgica é vinculada à função santificadora da Igreja. Essa afirmação nos faz considerar a centralidade do Mistério Pascal enquanto conteúdo das celebrações litúrgicas atualizadas pela ação do Espírito Santo através da Igreja, na qualidade de dispensadora dos bens da salvação.

A Pastoral Litúrgica promove a participação ativa e frutuosa dos fiéis no Mistério celebrado e, por isso, os seus membros possuem a consciência de que, "Todavia, **a liturgia** é o **cume** para o qual tende a ação da Igreja e, ao mesmo tempo, é **a fonte** donde emana toda a sua força" (SC, n. 10, grifos nosso). É um serviço organizado em vista do cuidado com a vida espiritual de toda a comunidade. Para bem servir, os agentes da Pastoral Litúrgica precisam vivenciar e considerar a liturgia em todas as suas dimensões teológicas, bíblicas, históricas, jurídicas, espirituais e pastorais.

O caminho formativo dos agentes ajudará cada pessoa a viver a vida cristã ao redor da mesa da Palavra, da Eucaristia e desfrutar a beleza da vida fraterna em sua comunidade de fé. Assim, a Pastoral Litúrgica expressa uma sensibilidade comunitária capaz de abraçar os dramas da nossa existência e manifestar a unidade entre fé e vida no contexto celebrativo.

# Liturgia: *Opus Trinitatis*

Em primeiro lugar, a liturgia é obra de Deus, ou Obra *Trinitatis*. É o serviço de Deus ao homem, é ação de Deus no homem, e também é a glorificação do homem a Deus. Nesse horizonte, o teólogo italiano Giaggini[2] (2009) refere-se ao movimento descendente e ascendente da ação litúrgica, que parte de Deus Pai no Filho, e no Espírito Santo que santifica a humanidade e o movimento que parte da assembleia celebrante no Espírito Santo no Filho ao Pai. O primeiro movimento santifica os homens, e, o segundo, glorifica a Deus. Além dessa relação vertical, a liturgia nos coloca em movimento em direção ao outro e às realidades sofredoras da nossa sociedade. Uma liturgia que não leva em conta a carne sofredora de Cristo, presente na humanidade, torna-se intimista e fragmentada. Ela nos impulsiona *apressadamente às áreas* periféricas da nossa sociedade.

O desenvolvimento da história do conceito de liturgia, desde a sua etimologia, designa os serviços prestados ao bem comum, certos préstimos dos cidadãos para as finalidades do Estado ou da sociedade; e somente no século II a.C. o termo surgiu em contextos rituais. Na tradução grega do Antigo Testamento a palavra é empregada para designar o serviço ao templo de Jerusalém. No Novo Testamento o termo refere-se ao serviço sacerdotal (Lc 1,23; Hb 9,21; 10,11); a coleta de impostos; serviço de caridade; serviço do apóstolo e, somente em At 13,2, refere-se a uma reunião cristã para a celebração litúrgica. Essa referência da liturgia enquanto celebração litúrgica só se impôs na época pós-apostólica (KRANEMANN, 2012).

A lógica do serviço expressa a natureza da ação litúrgica, dado que Deus nos santifica e nós o glorificamos por meio do Filho no Espírito Santo. Toda ação litúrgica traz consigo a marca da Trindade, visto que a liturgia é "a Verdade rezada", como afirma Romano Guardini (1885-1968),

---

2 Monge Beneditino, professor de Teologia Sistemática no Pontifício Ateneo di Santo Anselmo em Roma. Foi um dos principais artífices da *Constituição Sacrosanctum Concilium* sobre a liturgia e um dos animadores da reforma litúrgica, com contribuições originais na redação das novas orações eucarísticas segunda e quarta.

em seu livro *Espírito da liturgia* (2018). Deus realiza o seu serviço de amor no seu Filho único que se entrega no mistério do altar e, assim, santifica todos os batizados. Desse modo, todos são impelidos, no Espírito Santo, a servir uns aos outros na liturgia e na vida.

## As definições da liturgia antes do Concílio Vaticano II

As definições antes do Concílio Vaticano II sobre a natureza da liturgia cristã nos auxiliam a perceber a sua totalidade e a não reduzir a nossa compreensão apenas no aspecto estético e jurídico da liturgia; porém, devem ser consideradas em profunda unidade com o sentido teológico e pastoral. Cada definição reforça um aspecto importante da liturgia cristã que deve ser abordado em sua unidade.

1. *Definições estéticas:* Liturgia como a forma exterior e sensível do culto;

2. *Definições jurídicas:* Liturgia como culto público regulamentado pela autoridade hierárquica. Conjunto de normas e rubricas. Identifica a liturgia com o direito litúrgico.

3. *Definições teológicas:* Para Odo Casel (2009) a liturgia é "a ação ritual da obra salvífica de Cristo, ou seja, a presença, sob o véu dos sinais, da obra divina da redenção"; é "o mistério de Cristo e da Igreja em sua expressão cultual".

4. **O Documento *Mediator Dei***, por sua vez, insere o discurso litúrgico no horizonte de Cristo e da Igreja. A liturgia é o culto de Cristo e, por associação, o culto da Igreja.

## A noção de liturgia na *Sacrosanctum Concilium*

O ponto de partida do conceito teológico de liturgia no Vaticano II consiste em compreender a revelação divina enquanto história sagrada. A liturgia aparece imersa na divina história da salvação, sendo inseparável do mistério de Cristo e do mistério da Igreja. Portanto, deve ser compreendida no horizonte da história sagrada; ou seja, dentro da história das intervenções de Deus na humanidade. Por isso, conhecer as etapas da história da salvação, do Antigo e do Novo Testamentos, é uma exigência a todos os agentes – tanto da Pastoral Litúrgica como da Pastoral Catequética – para descobrir o significado da história enquanto tempo da promessa, plenitude dos tempos e tempo da liturgia, que nos abrem o tempo escatológico. De fato, *"o tempo que transcorre da ascensão ao retorno glorioso do Senhor é o intervalo no qual Cristo quer comunicar o próprio ser e agir, atraindo-os para o seu mistério, para a plenitude da vida divina"* (VAGAGGINI, 2009, p. 36, grifo nosso). Nesse contexto, compreende-se o lugar da liturgia no arco da história da salvação que comunica, por meio dos sinais sensíveis, a vida divina a todos os homens que aparecem na história humana.

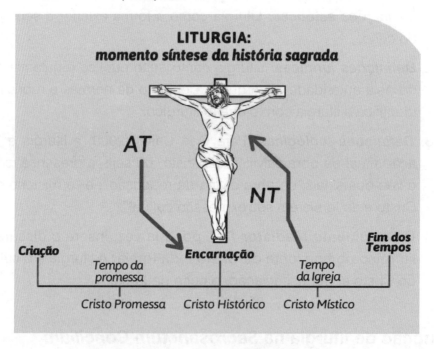

O Concílio Vaticano descreve a liturgia do seguinte modo:

> Com razão, pois a liturgia é tida como o exercício do múnus sacerdotal de Jesus Cristo, no qual, mediante sinais sensíveis, é significada e, de modo peculiar a cada sinal, realizada a santificação do homem; e é exercido o culto público integral pelo Corpo Místico de Cristo, Cabeça e membros (SC, n. 7).

A partir dessa descrição sobre a liturgia é possível estabelecer uma ponte com a catequese no horizonte dos *sinais do mundo dos homens*, tais como a luz e a noite, o vento e o fogo, a água e a terra, árvore e os frutos, pois todos falam de Deus; *sinais litúrgicos da antiga aliança*: a circuncisão, a unção e a consagração dos reis e dos sacerdotes, a imposição das mãos e a Páscoa; *os sinais assumidos por Cristo* dando aos sinais da Antiga Aliança um sentido novo, particularmente ao Êxodo e à Páscoa e, por fim, os sinais sacramentais que purificam e integram toda a riqueza dos sinais e dos símbolos e antecipam a glória do céu (CIgC, n. 1145-1152). É justamente aqui que somos chamados a pensar sistematicamente em uma metodologia litúrgica-catequética à luz dos sinais sensíveis. A redescoberta do valor desses sinais contribui para o diálogo e a unidade entre catequese e liturgia.

O valor do sinal no âmbito litúrgico está vinculado ao mistério da encarnação, o *"Verbo se fez carne, e habitou entre nós"* (Jo 1,14). Cristo é o sinal primordial do Pai, Nele a humanidade é sinal que manifesta e comunica a realidade divina. A Igreja é o sinal sacramental de Cristo.

*O que queremos dizer com isso? E qual a importância disso para a metodologia litúrgico-catequética?*

Primeiro, devemos considerar a liturgia enquanto fonte para a catequese, visto que, "a liturgia se apresenta como uma verdadeira e própria *summa* de teologia celebrada" (CESCON, 2017, p. 5). Ela oferece os elementos essenciais para uma verdadeira catequese de Iniciação à Vida

Cristã. Um itinerário catequético que considera a liturgia em sua amplitude é rico no sentido pascal. Não basta dizer aos catequizandos irem à missa, mas levá-los a perceber a conexão que a missa tem com a vida e a morte de cada pessoa humana. A Páscoa de Cristo, a sua passagem da vida para a morte e desta para a vida nova está unida com a nossa Páscoa, ou seja, com a nossa passagem da vida para morte e desta à vida eterna. Dessa forma, fica claro que o conteúdo das celebrações litúrgicas é o Mistério Pascal de Cristo que se atualiza no hoje da nossa história. Uma catequese que não seja eminentemente pascal em seu conteúdo e vivência não é capaz de tocar a existência humana na sua profundidade.

Nesta perspectiva, pode-se compreender que a lógica da encarnação é aplicada à lógica do rito (BONNACCORSO, 2012). O rito é uma mediação indispensável com os gestos, palavras e sinais que comunicam a graça da salvação aos homens. Logo, assim como a humanidade de Cristo está para a visibilidade da sua divindade, os elementos sensíveis que formam o rito comunicam a graça espiritual; ou seja, a transmissão da vida divina se faz por via encarnada em regime de sinal. A humanidade de Cristo é sinal eficiente ou transmissor da graça; como corpo de Cristo prolongado (Cl 1,24), a liturgia, com os seus ritos sagrados, continua essa função.

A linguagem do rito ultrapassa a dimensão informativa e se torna performativa, ou seja, quando o que é dito corresponde à ação a qual se refere, o que significa que não apenas "diz" da graça, mas introduz o ser humano na graça. Eis aqui a unidade entre catequese e liturgia: na primeira, discursa sobre a fé e a liturgia; na segunda, liturgia é a fé em ato. No contexto celebrativo a linguagem verbal não tem o papel de transmitir o conteúdo, mas a tarefa de educar a viver a experiência espiritual contida nos conteúdos.

Contribui à nossa reflexão o entendimento de que os elementos os quais constituem a liturgia se manifestam num conceito essencial: o de sinais sensíveis instituídos por Cristo, no caso dos sacramentos, ou instituídos pela Igreja, no caso dos sacramentais, cerimônias e orações. É por meios desses sinais que Deus santifica a Igreja, e esta oferece o seu culto público a Deus (VAGAGGINI, 2009).

É a partir dos sinais sensíveis que seremos capazes de desenvolver uma metodologia litúrgico-catequética. Urge a prioridade, então, de aprofundar o conceito de *sinal* enquanto ponte, dado que, cada sinal possui uma dimensão visível e invisível, por exemplo, a água é um sinal visível que unida a fórmula sacramental, "Eu te batizo em nome do Pai e do Filho e do Espírito Santo", transmite a graça da filiação divina e a remissão dos pecados. A água é visível, os efeitos espirituais são invisíveis (VAGAGGINI, 2009). Santo Agostinho, ao desenvolver a sua teoria geral do sinal, afirma que ele se destina a significar outra coisa, uma realidade mais profunda[3]. É expressão de uma coisa escondida que ele significa e torna presente, aquela coisa que exprime e significa. O sinal possui um caráter informativo e performativo, ou seja, não apenas exprime a graça, mas imprime a graça na pessoa. Ele é um instrumento que nos faz passar do sentido visível para o invisível. A metodologia litúrgico-catequética tem como objetivo levar os catequizandos e a assembleia celebrante a fazer a passagem do elemento visível para o seu sentido espiritual.

Uma catequese mistágogica ou uma Pastoral Litúrgica que promove a mistagogia, enquanto método de evangelização, coloca-se na "lógica do caminho de Emaús" ao explicar as passagens das Escrituras e ao partir o pão com eles; assim, os olhos dos catequizandos se abrirão como os olhos dos discípulos de Emaús. No texto do evangelista Lucas (24,13-35), tem-se o referencial acerca do valor litúrgico, ritual e simbólico para uma catequese de inspiração catecumenal. Sobre isso,

---

3 cf. De Doctrina Christiana 2,1,1. In: CNBB. *Animação da vida litúrgica no Brasil*. Paulus, 1989 [Documentos, 43].

o Diretório para a Catequese (2020, n. 64c,) apresenta essa percepção destacando que se trata de uma passagem tecida de

> [...]símbolos, ritos e celebrações, que tocam os sentidos e os afetos. A catequese, justamente graças ao "uso de símbolos eloquentes" e por meio de "uma renovada valorização dos sinais litúrgicos" (EG, n. 166), pode, assim, responder às exigências da geração contemporânea, que geralmente considera significativas somente as experiências que a tocam em sua corporeidade e afetividade.

A reflexão da liturgia, enquanto complexo de "sinais sensíveis", impulsiona o diálogo entre catequese e liturgia. É ela, a liturgia, que oferece à catequese uma contribuição essencial sobre o sentido e o significado dos sinais sensíveis e dos símbolos que formam os ritos. É a partir da liturgia, enquanto fonte espiritual, que a catequese é chamada a desenvolver-se. Do mesmo modo que é possível fazer emergir a teologia da liturgia, podemos dizer que é possível emergir a catequese a partir dos sinais sensíveis. Por essa razão se justifica cada vez mais a proximidade entre Pastoral Litúrgica e Animação Bíblico-Catequética.

A unidade entre catequese e liturgia vem ao encontro do pensamento de Giorgio Bonaccorso, que nos faz pensar a seguinte problemática: *como se realiza o vínculo entre o Mistério evento e o Mistério do culto,* ou seja, como um evento do passado (Paixão-Morte-Ressurreição de Cristo) se torna realidade no presente? Essa questão se resolve por meio do rito, com a linguagem simbólica, por isso, unir catequese e liturgia é fundamental para vivenciarmos a totalidade do Mistério Pascal. O Mistério evento é o Mistério Pascal de Cristo que se atualiza no hoje da nossa história, Mistério do Culto. São Leão Magno nos afirma que o que era visível no nosso Redentor passou-se para os sacramentos (cf. ClgC, n. 1115). Assim, o vínculo entre Cristo e os sacramentos é estreito. A ação salvífica de Cristo continua *sacramentalmente* na vida da Igreja através dos ritos. Portanto, a liturgia é ação simbólica comunitária do Mistério Pascal.

## HORA DE PRATICAR O QUE APRENDEMOS

1. Colocar a **luz** no centro da sala da reunião ou encontro, que pode ser representada por uma ou mais velas acesas, uma imagem de luz. Na sequência, entregar aos participantes diversas passagens bíblicas do AT e do NT, de modo sequencial, a fim de que possam ler em voz alta.

   a. Sugestões de passagens bíblicas no Antigo Testamento: Gn 1,3-4; Is 9,1; Sl 119,105.

   b. Sugestões de passagens bíblicas no Novo Testamento: Mt 4,5; Jo 8,12; Jo 12,46; At 20,8; 1Ts 5,5; Ap 21,23.

Em seguida, explica-se o sentido bíblico da luz desde a criação até quando Jesus disse: "Eu sou a Luz do mundo" (Jo 8,12). Depois, pergunta-se em quais momentos, na liturgia, se utiliza a luz e a relação com a vida de cada um dos participantes.

2. Colocar a **água** no centro da sala da reunião ou encontro e proferir a oração da bênção da água, que se realiza na celebração batismal. Convidar os participantes a relacionar as palavras com o elemento visível e procurar quais passagens da Bíblia estão presentes na oração.

3. Apresentar **a correspondência entre os dois Testamentos**, a fim de que se possa perceber a unidade que há na Sagrada Escritura. Para isso, sugere-se dividir os temas entre os participantes, solicitar que observem e partilhem as semelhanças e as diferenças encontradas. Propostas de textos:

a. Sacríficio de Isaac e o Sacríficio de Cristo: Gn 22 e Lc 23,26-44.

b. O maná descido do céu e, Jesus, o pão descido do céu: Ex 16,1-35 e Jo 6,51.

c. A travessia do Mar Vermelho e o Batismo: Ex 14, 15-31 e Rm 6,1-14.

d. O cordeiro do Livro do Êxodo e Jesus, o cordeiro imolado da Nova Aliança: Ex 12,1-14 e Jo 1,29.

e. As vestes brancas do Livro do Apocalipse com as vestes batismais: a origem desse simbolismo em São Paulo: "Vós todos que fostes batizados no Cristo, vós vos revestistes de Cristo" (Gl 3,27). As vestes batismais enquanto sinal de "revestimento da incorruptibilidade". O Livro dos Ap 7,13-17.

f. A sinagoga e o ambão: Lc 4,16–22.

g. O descanso de Deus no sábado depois da criação e o descanso sabático de Cristo no sepulcro: Carta Apóstólica *Dies Domini* do Papa João Paulo II.

h. Adão e Cristo Novo Adão: 1Cor 15,20–22.

i. O Monte Sinai e o Monte das Oliveiras: Ex 19 e Mt 5,1-12.

j. A água que sai do rochedo e o lado aberto de Cristo que jorra sangue e água: Ex 17,1-7 e Jo 19,31-35.

4. Propor para que, em grupos ou individualmente, se realize a leitura dos textos indicados buscando perceber: as características, as diferenças e as semelhanças entre os textos da vocação de Isaías, da vocação de Paulo e da vocação de Pedro.

    a. Is 6,1-10

    b. 1Cor 15,1-11

    c. Lc 5,1-11

Convide os participantes a realizarem a partilha das informações e depois solicite para que cada pessoa escolha com qual personagens se identificou.

**5. Ler o Evangelho sobre a missão dos Doze** (Mt 10,1-10) e num segundo momento trocar o nome dos apóstolos pelo nome de cada um dos participantes.

6. Colocar no centro da sala os sinais escolhidos, a fim de explicitar o **sentido das cinzas** (Dn 9,3; Jn 3,6; Mt 11,21) **e do incenso** (Ex 30,7-8; Lv 16,12-13; Lc 1,10-11; Sl 142,2; Ap 5,8) **à luz da Palavra**. Destacar o sentindo pascal atribuído às cinzas e ao incenso, em comparação ao mistério da ressurreição, do Cristo que vence a morte, ressurge das cinzas e oferece a si mesmo por amor à humanidade.

# 3

# Vivências e ações

A liturgia requer uma ação pensada e organizada, a fim de levar as pessoas a participarem do Mistério celebrado de modo consciente e frutuoso; tal objetivo justifica a atuação da Pastoral Litúrgica. Em nossas comunidades, o conceito desta pastoral é limitado na preparação da celebração eucarística e essa se restringe na distribuição das tarefas ou funções litúrgicas, tais como: quem irá proclamar as leituras, cantar o salmo, ler as preces, fazer o comentário inicial, arrumar a credência, acender as velas e tantas outras. Isso revela que, por vezes, reduzimos a atuação da pastoral em organizar escalas de leitores e distribuir funções. Os agentes da Pastoral Litúrgica precisam compreender que essas funções são apenas uma parte do processo e que a principal função do Mistério celebrado consiste em promover a vida espiritual das nossas comunidades.

Quando olhamos a Pastoral Litúrgica no conjunto da ação pastoral da Igreja nos damos conta do seu caráter unitário. É uma pastoral que está a serviço de todas as pastorais no âmbito do fortalecimento da espiritualidade litúrgica. Refletir sobre essa relação com as demais pastorais e movimentos nos ajuda a compreender que a finalidade de todo agir eclesial é a comunhão. Como bem é ilustrado no quadro apresentado na sequência.

# FINALIDADE DA AÇÃO PASTORAL

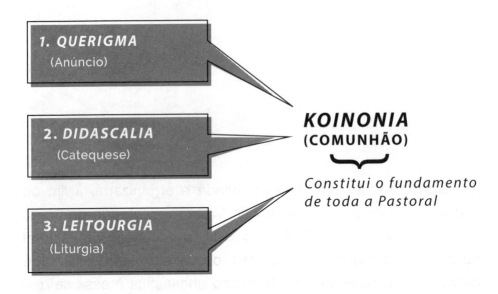

Os agentes da Pastoral Litúrgica precisam ser peritos em construir elos de comunicação que favoreçam a participação de toda a assembleia, dos discípulos e missionários. Precisam ser sensíveis à realidade sofrida do povo, das alegrias e das esperanças e, por isso, ser capazes de integrar fé e vida na ação litúrgica na perspectiva do Mistério Pascal.

**A relação entre Pastoral Litúrgica e Pastoral Familiar**

> *Não caberia à Pastoral Litúrgica, juntamente com a Pastoral Familiar, promover a espiritualidade conjugal à luz do Mistério Pascal de Cristo?*

Na resposta a essa pergunta está a necessidade de dar a compreender aos casais que, pelo Sacramento do Matrimônio, a vida esponsal deve ser vivida na dinâmica da Paixão-Morte-Ressurreição. Nessa dinâmica, é possível identificar que os momentos difíceis de sofrimentos, traições, incompreensões e renúncias seriam a *Sexta-feira Santa Conjugal*. Já em outros momentos, os casais, por uma situação ou outra, vivem o silêncio do Sábado Santo esponsal. Mas também há aqueles momentos em que saboreiam em suas vidas o Mistério da Ressurreição, da vida nova; quando realizam-se mutuamente se reconciliam, se alegram pelas conquistas familiares e pela vinda dos filhos. É preciso orientar o casal cristão sobre o que significa ser chamado a viver a sua vida esponsal na lógica da Paixão-Morte-Ressurreição. Esclarecer que os casais são chamados a fazer a travessia, pela via do diálogo, da Sexta-Feira Santa para o Domingo da Reconciliação. A Páscoa de Cristo ilumina a dinâmica conjugal.

> *Não seria a Celebração da Eucaristia a celebração das núpcias do cordeiro e, por isso, o sacramento do esposo e da esposa?*

A Igreja se prepara e se adorna para ir ao encontro do Esposo, que vem através das leituras que são proclamadas nas espécies do pão e do vinho; são transformados em corpo e sangue de Cristo e no momento da comunhão eles se tornam *"um só corpo e um só espírito"* (Ef 4,4). Essa compreensão deve ser elucidada pela Pastoral Litúrgica e Familiar, orientando os casais cristãos de que a comunhão eucarística pressupõe a comunhão de vida entre eles; isso, deve ser condição para se aproximarem do banquete nupcial do cordeiro de que a Quinta-Feira Santa conjugal deve começar em casa. Nesse sentido, cabe tornar claro a quem busca o Sacramento do Matrimônio que não basta simplesmente querer *casar para poder comungar*, é preciso primeiro viver a comunhão conjugal para comungar o Cristo, não apenas na liturgia, mas começando com a própria vida esponsal e familiar.

É o altar do sacrifício a fonte do amor esponsal. É na cruz de Cristo que se contempla o significado profundo do Sacramento do Matrimônio, dado que é ali que Cristo mais amou a humanidade. A entrega que Cristo fez de si mesmo no alto da Cruz, por amor à humanidade, corresponde a entrega que os noivos fazem de si mesmos na celebração do matrimônio. A intensidade da dor de Cristo revelou a intensidade do seu amor, assim, a seu modo, os casais precisam ser orientados a se inspirarem na vivência de Cristo para assumirem que se amam verdadeiramente, sobretudo nos momentos difíceis da vida conjugal. Eis o desafio que requer o auxílio da graça e o acompanhamento personalizado dos casais e, de modo específico, dos recém-casados.

A Pastoral Litúrgica pode desenvolver propostas de ações direcionadas aos noivos sobre a vivência e o sentido bíblico, teológico, litúrgico, pastoral e espiritual dos ritos que compõem a celebração matrimonial. Ela deve atuar em parceria com a Pastoral Familiar, que acompanha e prepara os noivos para a vida conjugal, dado que a vida litúrgica dos esposos é dever da Pastoral Litúrgica. Uma teologia litúrgica do Sacramento do Matrimônio contribuirá com a participação ativa e frutuosa dos noivos no mistério esponsal de Cristo que ali se realiza (GRANADOS, 2014, p. 203). Portanto, a conscientização, a educação para a vivência do Mistério celebrado por parte dos noivos, é responsabilidade dos agentes da Pastoral Litúrgica.

### Pastoral Litúrgica e o Itinerário de Iniciação à Vida Cristã

*Como pensar a atuação da Pastoral Litúrgica em unidade com o processo de Iniciação à Vida Cristã?*

A parceria entre os agentes da liturgia e os catequistas é fundamental para o aprofundamento litúrgico de cada rito presente durante o processo do *pré-catecumenato, catecumenato, purificação, iluminação e mistagogia*. O empenho de transformar as salas de catequese em espaços mistagógicos deve ser uma preocupação de toda a comunidade, inclusive da própria Pastoral Litúrgica, que deve apoiar os catequistas nessa renovação. Quando os encontros de catequese são verdadeiros laboratórios litúrgicos, as crianças, os adolescentes, os jovens e os adultos têm a oportunidade de familiarizarem-se com o espaço mistagógico. A reflexão sobre o espaço sacro e a inserção no Mistério celebrado, unidos à prática da caridade, potencializa o processo de iniciação à vida cristã.

Os catequistas iniciam os catequizandos na vida litúrgica e, por isso, precisam ser verdadeiros amantes da liturgia. A espiritualidade catequética é totalmente litúrgica, motiva os catequizandos a beberem do manancial da salvação que jorra pela ação litúrgica. É impensável um catequista que não participa da vida litúrgica da comunidade; ele precisa beber da fonte para oferecer *água viva* aos seus. Ninguém pode dar aquilo que não tem; o catequista é um autêntico mistagogo, capaz de conduzir as pessoas ao Mistério celebrado, e um introdutor na convivência comunitária.

Os agentes da Pastoral Litúrgica são chamados a familiarizarem-se com o processo de iniciação à vida cristã, a contribuir com a catequese, sobretudo, no que se refere às *entregas* que, segundo Micheletti (2017), marcam a passagem de uma fase da catequese para a outra através dos ritos, tais como: a entrega da Sagrada Escritura, da cruz, do Símbolo da fé, da Oração do Senhor, os exorcismos, bênçãos e os escrutínios enquanto celebrações em que se espera que as pessoas ouçam a Palavra e, por meio dela, examinem a sua vida. Os agentes da Pastoral Litúrgica devem aprofundar o processo de Iniciação à Vida Cristã, a fim de proporcionar à assembleia litúrgica uma maior participação ativa e consciente do sentido de cada um dos ritos que marcam esse itinerário espiritual e comunitário.

A participação dos fiéis na liturgia é a fonte primeira e indispensável do espírito cristão (MARTÍN, 2009, p. 409), cabendo à Pastoral Litúrgica a tarefa de conduzir os fiéis à vivência cada vez mais profunda daquilo que celebramos. Para tanto, encontramos vários acontecimentos na Igreja para reafirmar que os fiéis não são meros espectadores mudos, mas participam de modo ativo da ação litúrgica. Dentre eles, podemos citar: Pio XI com a Constituição Apostólica *Divini Cultus Sanctitatem* (1928); Pio XII na famosa Encíclica *Mediator Dei* (1947) e o próprio Congresso de Assís (1956). Como coroamento de todo esse processo, a Constituição Conciliar *Sacrosanctum Concilium* destaca a necessidade de promover a educação litúrgica, a participação plena, consciente e ativa nas celebrações litúrgicas (FLORISTÀN, 2009, p. 475). De fato, todos nós inseridos nesta caminhada litúrgica e catequética somos impelidos a realizar em nossas comunidades um trabalho não meramente intelectual, mas um processo de iniciação litúrgica que seja capaz de romper com o improviso, o juridicismo e o ritualismo.

## MISSÃO DA PASTORAL LITÚRGICA

1. **Incorporar** os fiéis a Cristo;
2. Está orientada à **Formação Integral**: deve cuidar dos elementos mistagógicos da liturgia;
3. Objetivo: **participação ativa e frutuosa** dos fiéis: *educar, instruir, conduzir, preparar.*

## Os agentes da Pastoral Litúrgica

Os agentes da Pastoral Litúrgica, diante desse percurso que estamos fazendo, não podem continuar reduzindo a sua ação na distribuição das funções da missa, mesmo sabendo que é uma das etapas da preparação litúrgica, nem mesmo dedicarem-se apenas em fazer as escalas das equipes de celebração, por mais que essas atribuições façam parte da organização. Aos agentes da Pastoral Litúrgica cabe assumir a responsabilidade pela vida espiritual de toda a comunidade. São chamados a promover um itinerário formativo litúrgico-catequético, em conjunto com as demais pastorais, a fim de promover a participação plena, consciente e ativa de todos os fiéis. Devem se fazer presentes contribuindo com os retiros para as famílias, espiritualidade com os jovens, nas formações com os ministros extraordinários da Eucaristia, junto às ações destinadas aos catequizandos, aos familiares de crianças, adolescentes e jovens nos retiros de preparação à Primeira Eucaristia e Crisma, assim como nas celebrações penitenciais. Nesses contextos, a Pastoral Litúrgica deve exercer o seu protagonismo. É fundamental que os agentes estejam atentos a toda dinâmica da vida litúrgica da Igreja em unidade com a realidade local.

A formação dos próprios agentes da Pastoral Litúrgica é um caminho que precisa ser sistematizado a partir da leitura dos principais documentos do Magistério sobre a liturgia. Tais como: a história do Movimento Litúrgico, enquanto raízes da Constituição *Sacrosanctum Concilium*, do conhecimento e dos estudos dos teólogos da Teologia Litúrgica, como: *Dom Lambert Beauduin, Dom Emanuele Caroti, Romano Guardini, Dom Maurice Festugière; Odo Casel; Cipriano Vagaggini; Salvatore Marsili*, apenas para citar alguns (FLORES, 2006).

Trata-se, portanto, de uma formação permanente e mistagógica capaz de tocar os sentidos e despertar o senso da unidade e da comunhão. A criação de centros de estudos sobre Pastoral Litúrgica nas dioceses contribuiria com a renovação e o aprofundamento do Mistério celebrado. Elaborar programas formativos de forma interativa é uma urgência. Motivar grupos de estudos nas paróquias e comunidades, no campo da liturgia, e a sua integração com as demais pastorais e movimentos é um caminho que pode gerar muitos bons resultados no âmbito da participação ativa e frutuosa da celebração e, claro, na própria vida espiritual das pessoas.

### O âmbito de atuação da Pastoral litúrgica

Quais as atribuições próprias da Pastoral Litúrgica? Qual o campo de atuação dessa pastoral a serviço da liturgia? Em resposta a essas questões podemos recorrer às "três esferas de trabalho que compete aos agentes da Pastoral Litúrgica: *a pastoral dos sacramentos e sacramentais; a pastoral dos tempos litúrgicos e a pastoral dos exercícios piedosos"* (MARTÍN, 2009, p. 414, grifo nosso). As equipes de animação litúrgica desempenham um papel importante para alcançarmos os objetivos da pastoral com maior eficácia. Elas devem se organizar não apenas para realizar as funções litúrgicas da missa, mas para estudar e aprofundar o sentido bíblico, litúrgico, teológico, pastoral, catequético, histórico e jurídico das celebrações litúrgicas destinadas à recepção dos sacramentos: Batismo, Crisma, Eucaristia, Reconciliação, Unção dos enfermos, Matrimônio e Ordem. Cada celebração desses sacramentos deve contar com uma equipe que conheça o sentido teológico, histórico e pastoral dos ritos que as constituem, a fim de organizá-las e proporcionar uma maior participação das pessoas no Mistério celebrado. É necessário que nas comunidades paroquiais se tenha *equipes especializadas em cada celebração dos sacramentos*, a fim de promover o bem espiritual dos fiéis. Não basta pensar as equipes de celebrações apenas para segurar o livro, o microfone, a toalha do Batismo, distribuir as velas aos padrinhos e tantas outras tarefas. Ao serem instauradas tais equipes, a comunidade passa de uma pastoral de execução de funções para uma Pastoral Litúrgica, capaz de levar a assembleia a viver a ritualidade.

A Pastoral Litúrgica deve contribuir para que as pessoas encontrem forças, consolo e esperança em Cristo. Nesta perspectiva, a redescoberta do valor do Domingo (*Dies Domini*) e a dinâmica do Ano Litúrgico possibilitam compreender o significado do tempo como história salvífica no horizonte que nos leva do acontecimento à celebração (AUGÉ, 2019, p.53). Para tanto, a sensibilidade dos agentes precisa ser capaz de ler os acontecimentos da comunidade na perspectiva da Páscoa, contribuindo para que o evento de Cristo, a partir do contexto litúrgico, esteja no coração, na mente e na dinâmica da vida do nosso povo, como também, para que as pessoas possam viver e conviver na lógica do Mistério Pascal. Assumir essa dinamicidade em nossas liturgias requer conectá-las à vida e a seus dilemas, aos dramas, às conquistas das pessoas e da comunidade.

A atuação da Pastoral Litúrgica se realiza de modo efetivo e afetivo no acompanhamento espiritual das pessoas em luto, compreendido como dever de todos os cristãos, sobretudo, da Pastoral Litúrgica à qual é chamada a ser presença acolhedora e fraterna nesse momento doloroso na vida das pessoas. Assim, realiza-se uma Igreja em saída, uma pastoral que se dirige apressadamente para iluminar e consolar os corações desolados e aflitos. Proporcionar um ambiente de oração, de escuta da Palavra e de partilha nas famílias enlutadas é sinal de uma Igreja samaritana, é *ser presença do ressuscitado*. A celebração da luz e da esperança nesses momentos fortalece as famílias e abre os olhos dos discípulos para o Mistério da Ressurreição.

É necessário a todos os agentes da Pastoral Litúrgica ter um amor profundo pela Palavra de Deus; ela é alimento espiritual que mantém em cada um a docilidade do Espírito Santo. Fortalecer essa familiaridade com a Palavra de Deus é uma das suas principais atribuições e cultivar uma espiritualidade bíblica é essencial à vida e missão de todo agente de pastoral. Em todas as celebrações dos sacramentos a escuta da Palavra é um elemento central, por isso, os agentes da Pastoral Litúrgica devem aprimorar os seus conhecimentos bíblicos em relação à liturgia.

Nesse contexto, segundo Daniélou (2013, p. 21, grifo nosso), a *"ciência da correspondência entre os dois Testamentos"* nos auxilia a estabelecer um itinerário formativo para explicitar a relação entre Bíblia e Liturgia. Esse método da unidade entre o Antigo e o Novo Testamento, chamado de ciência tipológica, nos faz recuperar a memória da história da salvação e nos inspira a ler a Palavra de Deus e aprofundar a sua dimensão litúrgico-catequética. A pregação apostólica utilizou esse método para dar a conhecer a verdade da mensagem de Jesus Cristo.

No âmbito de sua atuação, os agentes da Pastoral Litúrgica são chamados a conhecer as catequeses mistagógicas para aprofundar a teologia da celebração, que ajudam a entender os sacramentos enquanto acontecimentos essenciais da vida cristã; são o prolongamento das grandes obras de Deus no Antigo e no Novo Testamento. Elas partem do visível para o invisível, do significante para o significado, dos sacramentos para os *mistérios*. Nas catequeses mistagógicas, de Cirilo de Jerusalém, podemos identificar os elementos que fazem a correlação entre o Antigo e o Novo Testamento, vejamos quais são:

> [...] **a decoração dos batistérios** é o paraíso de onde Adão foi expulso e onde o batismo o restaura; **a forma do Batistério** (octogonal) lembra-nos o número oito que é o símbolo da ressurreição. É no oitavo dia que o Cristão entra para o seu batismo; **o ato de desvestir** das velhas roupas aparece como "imagem do despimento do velho homem". O desnudamento de Cristo sobre a cruz figura o "desnudamento" do homem velho; **o óleo** sinaliza uma ação medicinal. Ele cura a alma das manchas do pecado. É utilizado pelos atletas para fortificar o corpo; **a descida na piscina batismal** é como a descida nas águas da morte; após o batismo se recebe uma túnica branca, símbolo da ressurreição do corpo (In: DANIÉLOU, 2013, p. 61-77).

Os agentes da Pastoral Litúrgica possuem um campo fecundo para a evangelização. É necessário despertar para um serviço autêntico e mistagógico capaz de integrar toda a vida espiritual de nossas comunidades. A renovação eclesial se realiza quando somos capazes de fazer uma autocrítica do modo como exercemos a nossa missão. O compromisso e a fidelidade ao Evangelho nos fazem avaliar a nossa caminhada pastoral e discernir novos caminhos.

# 4

# Um serviço ao Mistério celebrado

Os padres conciliares expressaram o desejo de que todos os fiéis sejam levados àquela plena, consciente e ativa participação das celebrações litúrgicas, que a própria natureza da liturgia exige (SC, n. 14). O objetivo da Pastoral Litúrgica consiste em promover ou introduzir os fiéis nos divinos mistérios que se celebram, assim, o âmbito específico de aprofundamento da ação pastoral são as celebrações litúrgicas com todas as suas particularidades e circunstâncias (MARTÍN, 1997).

Sendo a celebração um dos eixos da Pastoral Litúrgica, isso significa que a formação litúrgica é essencial para a educação da ritualidade, pois promove a participação integral dos membros da Igreja nos momentos celebrativos. A participação ativa, consciente e frutuosa, enquanto origem e fundamento da Pastoral Litúrgica, exige a dimensão formativa associada à dimensão celebrativa. Essa interdependência nos leva a considerar que o ritmo sagrado do divino perpassa pela experiência ritual. Educar para essa experiência do divino, através do rito, é tarefa da Pastoral Litúrgica. À luz do princípio mencionado anteriormente, iremos elucidar as dimensões da formação litúrgica apresentadas pela Constituição *Sacrosanctum Concilium* e os elementos da celebração, tais como a ritualidade e a mistagogia como critérios de ação para se atingir uma participação total no Mistério celebrado.

Segundo Afonso Berlanga (2013, p. 120), "a experiência celebrativa assume uma importância capital, porque nos faz tocar a vida divina através de uma linguagem própria". Isto nos leva a entender que dentro da esfera celebrativa nos deparamos com a ritualidade ligada ao aconteci-mento pascal, assim, os ritos nos tornam contemporâneos ao Mistério celebrado. Nesse processo é a ritualidade, enquanto conceito teológi-co e antropológico, que conduz à experiência espiritual. Para que isso aconteça, a Pastoral Litúrgica precisa estar alicerçada sobre a noção de liturgia inserida na perspectiva histórico-salvífica como fundamento para a sua ação; assim, automaticamente, atuará tendo sua metodologia li-túrgica, ou seja, o seu modo de desenvolver um itinerário formativo.

À luz da *Sacrosanctum Concilium* podemos intuir que a finalidade da metodologia litúrgica consiste em estudar a epifania da celebração a partir do seu conteúdo e da experiência cultual do ser humano. A compreensão de metodologia litúrgica depende da noção de liturgia enraizada na história sagrada. Assim, as práticas litúrgicas precisam evidenciar o mistério salvífico centralizado na Páscoa de Cristo, perpe-tuado na Igreja e celebrado pelo ser humano que, incorporado à Igreja, vivencia o mistério como ação sagrada ao ser participante ativo da celebração. Nessa dinâmica surge, então, uma trilogia que deve fun-damentar o método litúrgico: *o mistério, a celebração e o ser humano.*

A Pastoral Litúrgica orienta a sua ação para descobrir a natureza e o conteúdo da liturgia a partir dos livros litúrgicos da Sagrada Escritu-ra, dos Padres da Igreja, dos Concílios e das ciências antropológicas. Um estudo coerente dos dados litúrgicos perpassa o nível litúrgico--teológico, o celebrativo, o antropológico e o cultural. Ela se situa entre Mistério Trinitário e o Mistério Celebrado. Essa condição nos leva a intuir a fundamentalidade da sua ação, que constantemente atualiza o modo de agir e as referências de ser humano religado àquilo que crê.

Ao refletir a dimensão sobre o ser humano e a sua fé, a Pastoral Litúr-gica, enquanto ação organizada que integra todas as outras pastorais e movimentos, tem a finalidade de levar as pessoas àquela participa-ção que gera a atualização do ser, a santificação. Ao adentrar na esfera do *ser* estabelece um diálogo ontológico, no qual, além de refletir a realidade e a natureza do ser humano, apresenta o seu alicerce no Mistério da Trindade, que se prolonga no Mistério celebrado. Em todo caso, a cooperação neste diálogo ontológico é tarefa da Pastoral Litúrgica, alicerçada sobre o Mistério da Trindade e consumada no Mistério Celebrado.

### Teologia do significado

Para cooperar no aspecto dialógico entre o mistério de *Dei* e o mistério do *antropos,* a Pastoral Litúrgica necessita refletir sobre a noção de significado que, segundo Bernard Lonergan (2012, p. 73, grifo nosso), "[...] *se sustenta na intersubjetividade humana, na arte, nos símbolos, na linguagem, na vida [...]".* Essa afirmação nos leva a respirar a atmosfera da Pastoral Litúrgica ao ponto de constatar que: a sua função dentro do corpo eclesial ainda é despercebida em sua amplitude. Dentro do processo da compreensão da natureza dessa pastoral fala- -se muito pouco, ou, se fala, fala-se daquilo que ela não é.

Para descobrir a natureza da Pastoral Litúrgica podemos utilizar algumas categorias do pensamento de Bernard Lonergan sobre as funções do significado que, segundo ele, são: *cognitiva, eficiente, constitutiva* e *comunicativa.* Nesse âmbito "a conjunção das funções constitutivas e comunicativas do significado gera as três noções de comunidade, existência e história" (LONERGAN, 2012, p. 97). A partir do Mistério da Trindade, enquanto Comunidade de Amor, os dois modos de existência de Cristo *intratrinitário,* isto é, no seio da Trindade Imanente, e o *extratrinitário,* a sua encarnação, podemos inferir que a Pastoral Litúrgica tem as suas raízes nestas três noções: comunidade, porque congrega todas as pastorais e movimentos; existência, porque é chamada a olhar *para fora,* para além de si mesma, estar atenta às dores e aos dramas da humanidade e, por fim, a história, porque leva a vivenciar a santificação do tempo mediante a vivência do Ano Litúrgico.

A função *cognitiva*, quando aplicada na Pastoral Litúrgica, "nos retira do mundo de imediação infantil e nos coloca no mundo dos adultos, que é mediado pelo significado" (LONERGAN, 2012, p. 94). No momento em que a pessoa é inserida no horizonte do significado litúrgico e percebe as implicações desse na vida cotidiana, pode-se dizer que chegou a uma participação ativa, consciente e frutuosa da ação ritual.

Promover a maturidade litúrgica, a partir do significado, é uma das missões da Pastoral Litúrgica. Isso não quer dizer que todo o significado precisa ser explicado, mas perceber que "o significado é um ato que não apenas repete, mas vai além da experiência" (LONERGAN, 2012, p. 95). Nesse processo, o uso da linguagem se desenvolve e o mundo do indivíduo se amplia. Assim, o elemento da intersubjetividade forma a comunidade e a história. A amplitude do significado, por parte da pessoa, depende da intersubjetividade e essa depende da linguagem. A reflexão sobre o papel da linguagem litúrgica na construção do imaginário religioso poderá ser fruto de um desenvolvimento posterior.

O itinerário da Pastoral Litúrgica deve favorecer a intersubjetividade entre a assembleia e a ação ritual, ampliando a linguagem e gerando comunidade. Vale lembrar que estamos nos referindo ao significado do rito, uma vez que do rito emerge uma teologia do significado. Essa estrutura corresponde à compreensão de liturgia do Concílio Vaticano II. A própria natureza do rito consiste também em produzir sentido teológico, antropológico e existencial. O rito gera sentido porque traz consigo uma gama de significados, que são decodificados por meio das diversas expressões da linguagem humana. Entretanto, a Pastoral Litúrgica deve buscar o sentido da ação ritual a partir do seu significado, com o objetivo de vislumbrar a teologia do significado.

A segunda função do significado diz respeito à *eficiência*. Todo e qualquer planejamento, construção ou plano de ação, depende da capacidade, ou melhor, da intensidade do significado. A pergunta sobre a eficiência de algum trabalho está ligada à pergunta sobre o seu significado. Se temos significado, necessariamente, temos eficiência, pois a "totalidade desse mundo acrescido, humano e artificial é o produto cumulativo dos atos de significado" (LONERGAN, 2012, p. 96). Essa função, tende a contribuir com a Pastoral Litúrgica na missão de despertar o significado litúrgico para que a ação seja eficiente na celebração e na vida. Contudo, o significado produz ação e essa gera significado.

Entrelaçar a vida da pessoa ao significado da ação ritual e vice-versa é uma das atribuições da Pastoral Litúrgica. Esta correspondência entre liturgia e vida depende do entrelaçamento dos seus significados. Aqui, adentramos à terceira função do significado, que é a *constitutiva* e, segundo Lonergan (2012, p. 96), "[...] assim como a linguagem é constituída por sons articulados e significados, as instituições sociais e as culturas humanas possuem o significado como componente intrínseco".

A constituição de uma cultura entrelaçada à vida celebrativa depende da experiência do significado. Assim, a Pastoral Litúrgica deve promover o encontro entre a cultura e o  significado salvífico da ação ritual. Nesta linha de pensamento, insere-se a quarta função do significado, que é a *comunicativa*. Sobre a comunicação dos significados, Lonergan (2012, p. 97) afirma que se realiza "de modo intersubjetivo, artístico, simbólico, linguístico e encarnado". A liturgia traz consigo todos os elementos comunicativos da vida da graça, capazes de não apenas informar, mas de inserir as pessoas na vida de Cristo. A Pastoral Litúrgica deve caminhar unida à arte enquanto instrumento que nos leva a vivenciar a epifania e a contemplar a beleza do Mistério celebrado. Pensar oficinas de arte sacra para retratar o Mistério celebrado contribui para o desenvolvimento da sensibilidade litúrgica. Saber conjugar arte e fé, liturgia e cultura é o que se espera de uma Pastoral Litúrgica que promove uma espiritualidade contextual, encarnada.

## Objetivos da Pastoral Litúrgica

A Pastoral Litúrgica integra a teologia que emerge da própria celebração e a dimensão ritual-antropológica. É uma ação pensada à luz da Teologia Litúrgica e da realidade local. O Concílio Vaticano II atribui à liturgia um caráter teologal. Da relação entre teologia e liturgia considera-se três modelos de se fazer teologia litúrgica, segundo Berlanga (2013): *modelo teológico sistemático*, ligado a Cipriano Vagaggini e Edward Kilmartin; *o modelo teológico celebrativo*, desenvolvido por Alexander Schmemann, David Fagerberg, Triacca e Salvatore Marsili; e *o modelo antropológico ritual e pastoral*, de Giorgio Bonaccorso e Andrea Grillo. Podemos desenvolver a Pastoral Litúrgica dentro desses três enfoques delineados pela teologia litúrgica.

A natureza da liturgia – na perspectiva do Concílio Vaticano II que a compreende dentro do arco da história da salvação – leva-nos a delinear que: os objetivos os quais configuram a Pastoral Litúrgica são determinados pelo modo como pensamos teologicamente a liturgia, unida à nossa sensibilidade litúrgica que se caracteriza pela interação entre o Mistério celebrado e os dramas vividos pela comunidade local e universal. Esta relação entre Mistério Pascal e o seu prolongamento na vida das pessoas, pela via dos sacramentos, traz sentido à existência.

Quais atitudes formam o itinerário da Pastoral Litúrgica? Promover interação entre as equipes; visitar os familiares enlutados; pensar encontros sobre espiritualidade litúrgica para toda a paróquia; favorecer o diálogo com todos; cuidar e zelar pelo aprofundamento bíblico, teológico, histórico, pastoral e litúrgico das equipes de cada celebração dos sacramentos; oferecer subsídios que explicitam o sentido teológico, histórico, pastoral e canônico de cada celebração dos sacramentos; organizar grupos de estudos da Palavra, das orações das celebrações e formar equipes especializadas em cada celebração dos sacramentos.

# Os três eixos da Pastoral Litúrgica

A Pastoral Litúrgica é dividida em três eixos principais: a celebração, a formação litúrgica e a organização. Cada um deles auxiliam na busca pelo objetivo principal: a participação no Mistério celebrado. Compreender esses três eixos é fundamental para avançarmos em direção à elaboração de um Plano Paroquial de Liturgia.

### a) Celebração

O conceito de celebração pode ser abordado do ponto de vista antropológico, social e psicológico; porém, para além dessas perspectivas, temos que ela pertence à dimensão sensível e visível da liturgia cristã. O teólogo pioneiro que se ocupou da celebração enquanto tal foi Odo Casel, que ofereceu uma reflexão sobre o culto cristão com bases primariamente teológicas (MARTÍN, 1996).

Em sua obra *O mistério do culto no cristianismo* (2009), Casel, considera a necessidade de compreender o que é o cristianismo para identificar o lugar que ele ocupa no mistério do culto.

Somente a partir desse entendimento surge a busca em compreender o lugar que a celebração ocupa no cristianismo; ou seja, para entender o sentido da celebração cristã, primeiro é necessário descobrir o que é o cristianismo. Dado que o pensamento paulino condensa todo o cristianismo na palavra *Mysterium*, não no sentido de coisas escondidas, mas significa ação divina que procede da eternidade de Deus e se realiza no tempo; desse modo, a celebração é o mistério em forma de culto e pela celebração se realiza a participação mística de cada pessoa no mistério de Cristo (CASEL, 2009). A celebração é o prolongamento da vida de Cristo na história.

Os agentes da Pastoral Litúrgica e da catequese são chamados a descobrir o mistério através do dinamismo da celebração em sua dimensão mistérica, ritual e existencial, como também a sua estrutura. Os diversos elementos que estão presentes nas celebrações litúrgicas, tais como: Palavra proclamada; os símbolos, as orações, os cantos, os gestos, as vestes, o espaço litúrgico, os efeitos espirituais dos sacramentos e sacramentais são fontes para um verdadeiro itinerário catequético e espiritual.

### b) Formação litúrgica

Em primeiro lugar, antes de abordar sobre a formação litúrgica, é preciso reconhecer que ela é um direito de todo povo de Deus, como bem salienta o Concílio Vaticano II:

> Deseja ardentemente a Mãe Igreja que todos os fiéis sejam levados àquela plena, cônscia e ativa participação das celebrações litúrgicas, que a própria natureza da liturgia exige e à qual, por força do batismo, o povo cristão, "geração escolhida, sacerdócio régio, gente santa, povo de conquista (1Pd 2,9; cf. 2,4-5), tem direito e obrigação (SC, n. 14).

Enquanto direito do povo e dever dos pastores, a formação litúrgica, de acordo com MARTÍN (2009), deve ser *unitária* no que se refere à pessoa que se forma e a liturgia como objeto desta formação, e deve ter como centralidade o mistério de Cristo; ser *adaptada aos destinatários* "conforme a idade, condição, gênero de vida, cultura religiosa" (SC, 19) e, por fim, *mistagógica*, ou seja, orientada a partir dos ritos que compõem a ação litúrgica. A mistagogia é um método utilizado pelos Padres da Igreja para explicitar o sentido dos ritos à luz da Sagrada Escritura. Essa interpretação tipológica é "a ciência da correspondência entre os dois Testamentos" (DANIÉLOU, 2013, p. 21); nesse contexto, a mistagogia considera a continuidade do evento salvífico a partir do rito que se celebra.

Todo esse dinamismo auxilia a pensar a interface entre Pastoral Litúrgica e Catequese de Iniciação à Vida Cristã. A mistagogia supera a dicotomia, a separação histórica entre catequese e liturgia. Isto porque a mistagogia "é o caminho próprio da liturgia: vai do rito ao mistério, da ação para a compreensão, da exterioridade para a interioridade, do visível ao invisível, dos sinais sensíveis para a realidade de fé invisível" (BUYST, 2011, p. 122).

A Pastoral Litúrgica deve assumir a mistagogia como método a serviço da participação ativa e frutuosa dos fiéis na ação litúrgica. Os encontros com os agentes, muito mais do que apenas distribuir funções, são, sempre, uma ocasião para vivenciar a mistagogia e uma oportunidade para aprimorar a nossa sensibilidade litúrgica; por isso, esses encontros podem ser pensados com a finalidade de atingir todos aqueles que desejam aprofundar sua vivência ritual-litúrgica.

### c) Organização

Os agentes da Pastoral Litúrgica, em comunhão com o nível diocesano, regional e nacional, são chamados a pensar e a organizar encontros de formação e atualização litúrgica a partir dos elementos constitutivos da liturgia e das necessidades locais. A organização é fundamental para estabelecer objetivos gerais e específicos que atendam às demandas das comunidades. Para bem atingir os objetivos da Pastoral Litúrgica, sugere-se a elaboração de um Plano de Ação com ampla participação de todas as pastorais e movimentos.

### *Passos para Plano Paroquial da Pastoral Litúrgica*

A Comissão Teológica Internacional, no documento 48 sobre *A sinodalidade na vida e na missão da Igreja,* nos apresenta a teologia da sinodalidade, os fundamentos teologais, o caminho sinodal do povo de Deus e o próprio dinamismo da comunhão católica. Em sintonia com essa proposta, pensar a atuação da Pastoral Litúrgica ou o plano de ação dentro do horizonte da sinodalidade consiste em escutar a realidade, discernir e participar. Se a sinodalidade é *dimensão constitutiva do ser da Igreja* , a liturgia é a epifania do ser sinodal e, por isso, a práxis da Pastoral Litúrgica é permeada pelo modo sinodal que se caracteriza pelo caminhar juntos no compromisso com o Evangelho e o anúncio do Reino.

O que significa elaborar um Plano Paroquial da Pastoral Litúrgica? É promover o exercício da sinodalidade, no qual todos caminham juntos e participam com o propósito de viver a unidade e construir pontes. "O caminho sinodal da Igreja é plasmado e alimentado pela Eucaristia... A sinodalidade tem a sua fonte e o seu cume na celebração litúrgica e, de modo singular, na participação plena, consciente e ativa na reunião eucarística" (COMISSÃO TEOLÓGICA INTERNACIONAL, 2018, n. 47). A liturgia é toda sinodal, é o lugar privilegiado que nos torna "um só corpo e um só espírito" (Ef 4,4).

> O plano como fermento, abertura de horizontes, propostas de novos caminhos, exige conhecimento da realidade e das situações das comunidades, [...] exige uma leitura teológica da revelação, [...] e avaliação da prática celebrativa, [...] oferece oportunidade de se quebrar a rotina, superar-se e dar saltos qualitativos (SIVISNKI, 2013, p. 125).

Para realizarmos um caminho de renovação da Pastoral Litúrgica no horizonte da sinodalidade é preciso pensar a dinâmica pastoral a partir do método sinodal. Todo o agir eclesial se realiza no *caminhar juntos*; nesse sentido, a própria sinodalidade se torna, também, um método, ou seja, um caminho que prioriza a escuta e a participação de todos para ampliar a atuação da Pastoral Litúrgica dentro do contexto eclesial e para além deste. Como poderíamos realizar um caminho de renovação do agir da Pastoral Litúrgica? Para isso, é preciso considerar os seguintes passos: *Escutar e Ver*; *Discernir*; *Integrar e agir*; *Celebrar e avaliar*. Vamos compreender cada um deles?

### Escutar e ver

Como está a preparação das nossas celebrações de Batismo, Penitenciais, Palavra, Matrimônio, Exéquias, Liturgia das horas, Eucaristia e Novenas? Como está a articulação entre as equipes de celebrações? Quais são as nossas dificuldades e fragilidades?

### Discernir

Sob o auxílio do Espírito Santo, *aonde queremos chegar* enquanto agentes da Pastoral Litúrgica? Quais os caminhos de integração entre a Pastoral Litúrgica, a Catequese de Iniciação à Vida Cristã, a Pastoral Familiar e a Juventude? A nossa prática Pastoral une as pessoas? Agimos de tal modo que novas pessoas sintam-se acolhidas para se inserir na comunidade? Abrimos espaço de escuta e acolhimento? O que fazer para incluir as pessoas? O que fazer para se chegar à participação que queremos?

Quais propostas e programas que respondem aos desafios?

### Integrar e agir

Requer promover momentos de Leitura Orante da Palavra; realizar oficinas litúrgicas; oferecer grupos de estudos dos livros litúrgicos; promover laboratórios litúrgicos e formação bíblica para leitores; realizar encontros de espiritualidade litúrgica; conhecer os ritos da Iniciação à Vida Cristã; especializar agentes nas diversas celebrações dos sacramentos; estudar a teologia da liturgia e todas as demais dimensões.

### Celebrar

Se alguém perguntasse sobre o conteúdo principal de todas as celebrações litúrgicas, o que você responderia? A resposta seria o Mistério Pascal de Cristo. Isso faz sentido para você? A celebração litúrgica nos insere no Mistério Salvífico de Cristo. Vivenciar o Mistério Pascal, que se atualiza mediante os sinais visíveis, requer reconhecer o valor da ritualidade e da teologia do Ano Litúrgico, ou do tempo litúrgico, enquanto "continuação do tempo bíblico ou histórico-salvífico no qual sucederam os eventos da salvação: as celebrações do Ano Litúrgico tornam eficazes no presente a realidade de tais eventos" (AUGÉ, 1991, p. 11). Cabe, portanto, a cada cristão reconhecer na dinâmica da própria vida a presença do Mistério Pascal de Cristo.

Desse modo, a celebração une fé e vida e ilumina a história humana com a luz do Ressuscitado. Você saberia dizer por que os óleos dos catecúmenos, dos enfermos e da crisma são abençoados e consagrados pelo bispo na Quinta-feira Santa ou na Semana Santa? Justamente para explicitar a origem pascal de todos os sacramentos. É da Páscoa de Cristo que se origina a eficácia de cada sacramento. Pelo dom que nos é oferecido em cada sacramento podemos afirmar que: a Páscoa de Cristo é a nossa Páscoa.

### Avaliar

Realizar a avaliação é fundamental para o crescimento e aprendizagem dos agentes da Pastoral Litúrgica. Todo plano de pastoral necessita ter em sua dinâmica a avaliação, que permite identificar os pontos a serem melhorados ou reforçados. Isso é necessário para melhor possibilitar que a assembleia possa participar ativamente das celebrações. Avaliar o outro e permitir ser avaliado exige maturidade e discernimento. É um processo necessário para contribuir com a participação dos fiéis na vivência do Mistério celebrado; assim como para garantir a qualidade e ampliar as possibilidades da ação pastoral.

# Considerações finais

A Pastoral Litúrgica desempenha um papel significativo no conjunto da Ação Evangelizadora da Igreja quando reconhecemos a sua potencialidade a serviço da participação ativa e frutuosa no Mistério celebrado. Ampliar o seu conceito e compreender a sua identidade nos ajuda a perceber os seus diversos campos de atuação que não se restringem à distribuição das funções litúrgicas da missa, mas também são responsáveis pela espiritualidade de toda a comunidade. As relações com todas as pastorais e movimentos revelam o caráter sinodal do agir da Pastoral Litúrgica. Promover a vivência da espiritualidade litúrgica, seja com os casais, seja com os catequistas e catequizandos, compreende a missão dos agentes da Pastoral Litúrgica. Pensar em equipes especializadas para cada celebração dos sacramentos é uma oportunidade de aprofundar o sentido bíblico, teológico, histórico, espiritual, jurídico e pastoral de cada celebração litúrgica. Urge a necessidade de redescobrir e vivenciar o patrimônio espiritual da Igreja, a fonte da vida cristã. Cuidar do bem espiritual de toda a comunidade é missão dos agentes da Pastoral Litúrgica. Isso é muito mais do que fazer escala de animadores e leitores para as celebrações.

Na ausência do conhecimento litúrgico surge tanto o subjetivismo quanto o sentimentalismo e o racionalismo. Verificamos que a origem desses problemas se encontra na ruptura de uma catequese mais vivencial e mistagógica, como é o caso do período da Patrística, para uma catequese de catecismos de perguntas e respostas. Por conta desse processo pode-se dizer que, tanto o povo quanto alguns padres são reflexos do divórcio histórico entre o discurso sobre a fé e o ato de fé, entre liturgia e catequese. Um dos maiores desafios reside em desenvolver uma metodologia litúrgico-catequética capaz de superar essa lacuna na ação evangelizadora. Requer-se um olhar clínico dos agentes da Pastoral Litúrgica; por isso, a formação continuada, a capacidade de escuta, de discernimento e a participação em estudos litúrgicos são habilidades e competências que precisamos aperfeiçoar. Diante disso, comprometemo-nos em *voltar às fontes* e integrar catequese e liturgia.

À luz da sinodalidade, a Pastoral Litúrgica se insere no caminho dos discípulos de Emaús; por isso é chamada a vivenciar a unidade das Escrituras a partir do pão pela linguagem dos sinais sensíveis e contribuir para abrir os olhos dos discípulos diante do Mistério celebrado; ao mesmo tempo, os agentes são chamados a beber da água viva que o Senhor nos oferece. Assim como fez a samaritana, os próprios agentes da Pastoral Litúrgica são desafiados a nutrirem a sua espiritualidade eclesial no diálogo com Jesus, no encontro com a Palavra e na Eucaristia. A tal ponto de serem capazes de irradiar a todos com a alegria da fé em Jesus Cristo ressuscitado, que nos santifica por meio das ações litúrgicas.

É responsabilidade dos agentes da Pastoral Litúrgica a educação para a vivência do Mistério celebrado por parte dos noivos, como também conhecer e aprofundar o processo de iniciação à vida cristã, a fim de proporcionar à assembleia litúrgica uma participação maior, ativa e consciente do sentido de cada um dos ritos que marcam esse itinerário espiritual e comunitário.

Deve-se dirigir apressadamente às famílias enlutadas para iluminar e consolar os corações desolados e aflitos, proporcionando um ambiente de oração, de escuta da Palavra, de partilha, como sinal de uma Igreja samaritana, e ser presença do Ressuscitado. Fortalecer familiaridade com a Palavra de Deus é uma das suas principais atribuições e cultivar uma espiritualidade bíblica é essencial à vida e missão de todo agente de pastoral. Dado que em todas as celebrações dos sacramentos a escuta da Palavra é um elemento central, os agentes da Pastoral Litúrgica devem aprimorar os seus conhecimentos bíblicos em relação à liturgia.

Portanto, uma espiritualidade contextual e encarnada, promovida pela Pastoral Litúrgica, consiste em conjugar arte e fé, liturgia e cultura. Nessa jornada, a própria sinodalidade se torna também um método, um caminho que prioriza a escuta e a participação de todos para ampliar os campos de atuação dentro do contexto eclesial e para além deste. Juntos por uma Pastoral Litúrgica cada vez mais sinodal.

# Referências

AUGÉ, M. et al. *O ano litúrgico*: história, teologia e celebração. Trad. José Raimundo Vidigal. São Paulo: Paulinas, 1991.

AUGÉ, M. *Ano Litúrgico*: é o próprio Cristo presente na sua Igreja. São Paulo: Paulinas, 2019.

BERLANGA, A. *Liturgia y Teologia*: del dilema a las síntesis. Barcelona: Centre de Pastoral Litúrgica, 2013.

BONACCORSO, G. *Il rito e l'altro* – La liturgia come tempo, linguaggio e azione. *Vaticano*: Libreria Editrice Vaticana, 2012.

BRIGHENTI, A. *A Pastoral dá que pensar*: a inteligência da prática transformadora da fé. São Paulo: Paulinas, 2007.

BUYST, I. *O segredo dos ritos*: ritualidade e sacramentalidade da liturgia cristã. São Paulo: Paulinas, 2011.

CASEL. O. *O mistério do culto no cristianismo*. 2. ed. São Paulo: Loyola, 2009.

CATECISMO DA IGREJA CATÓLICA. Petrópolis: Vozes/São Paulo: Loyola, 1993.

CESCON, B. *Liturgia grande sistema di comunicazione*: Il potere comunicativo dela liturgia nella modernità. Roma: CVL – Edizioni Liturgiche, 2017.

CNBB. *Deixe a flor desabrochar:* Elementos de Pastoral Litúrgica. Brasília: Edições CNBB, 2013.

CNBB. *"E a Palavra habitou entre nós" (Jo 1,14)*: Animação Bíblica da Pastoral a partir das comunidades eclesiais missionárias. Brasília: Edições CNBB, 2021.

CNBB. *Diretório Nacional de Catequese*. Brasília: Edições CNBB, 2015. [Documentos da CNBB 84].

CNBB. *Animação da vida litúrgica no Brasil*. São Paulo: Paulus, 1989. [Documentos da CNBB 43].

COSTA, V. In: MAÇANEIRO, M. *As Janelas do Vaticano II:* a Igreja em diálogo com o mundo. Aparecida: Santuário, 2013.

CORBON, J. *A fonte da liturgia*. 3. ed. São Paulo: Paulinas, 2016.

CORDEIRO, M.G.; ESTEVES, J.F. *Liturgia da Igreja*. Lisboa: Universidade Católica, 2008.

COMISSÃO TEOLÓGICA INTERNACIONAL. *A sinodalidade na Igreja e na Missão da Igreja*. Brasília: Edições CNBB, 2018.

CONCÍLIO ECUMÊNICO VATICANO II. *Constituição Sacrosanctum Concilium:* sobre a sagrada liturgia. In: Documentos do Concílio Ecumênico Vaticano II (1962-1965). 3. ed. São Paulo: Paulus, 2014.

DANIÉLOU, J. *Bíblia e liturgia* – A teologia bíblica dos sacramentos e das festas nos padres da Igreja. São Paulo: Paulinas, 2013.

FLORISTÁN, C. *Teologia práctica* – Teoria y práxis de la acción pastoral. 5. ed. Ediciones Sígueme: Salamanca, 2009.

FLORES, J. *Introdução à Teologia Litúrgica*. São Paulo: Paulinas, 2006.

FRANCISCO. *Discurso do Papa Francisco aos professores e estudantes do Pontifício Instituto Litúrgico*. Disponível em:<ttps://www.liturgia.pt/noticias/noticia_v.php?cod_noticia=332>. Acesso em: 10 de out. de 2022.

GELINEAU, J. *Chant et Musique dans le culte chrétien*. Paris: Fleurus, 1962.

GRANADOS, J. *Uma sola carne em un solo espíritu* – Teología del matrimonio. Madri: Ediciones Palavra, 2014.

GUARDINI, R. *Espírito da liturgia*. São Paulo: Cultor de Livros, 2018.

KRANEMANN, B.; GERHARDS, A. *Introdução à liturgia*. São Paulo: Loyola, 2012.

LONERGAN, B. *Método em Teologia*. Tradução de Hugo Langone. São Paulo: É Realizações, 2012.

MARTÍN, J.L. *La Liturgia de la Iglesia*. Madri: Biblioteca de Autores Cristianos, 2009.

MARTÍN, J. *No Espírito e na Verdade* – Introdução antropológica à liturgia. Petrópolis: Vozes, 1997.

MARTÍN, J.L. *No Espírito e na Verdade* – Introdução teológica à liturgia. Petrópolis: Vozes, 1996.

MIRALLES, A. *Los sacramentos cristianos* – Curso de sacramentaria fundamental. Madri: Pelicano, 2000.

MICHELETTI, Pe. Guilhermo. *Minidicionário da Iniciação à vida cristã:* Conceitos fundamentais para catequistas. São Paulo: Ave-Maria, 2017.

PARO, Pe. Thiago Faccini. *Catequese e liturgia na iniciação cristã – O que é* e como fazer. Petrópolis: Vozes, 2018.

PONTIFÍCIO CONSELHO PARA A PROMOÇÃO DA NOVA EVANGELIZAÇÃO. *Diretório para a catequese*. Brasília: Edições CNBB, 2020 [Documentos da Igreja – 61].

RATZINGER, J. *Teologia da liturgia* – O fundamento sacramental da existência cristã. 2. ed. Brasília: Edições CNBB, 2019.

SIVINSKI, M. (Pe). In: CNBB. *Deixe a flor desabrochar* – Elementos de Pastoral Litúrgica. Brasília: Edições CNBB, 2013.

VAGAGGINI, C. *O sentido teológico da liturgia*. Trad. Francisco Figueiredo de Moraes. Petrópolis: Vozes, 2009.

ZUBIRI, X. *Natureza, História, Deus*. Tradução de Carlos Nougué. São Paulo: É Realizações, 2010.